J'AIME SAVOIR!

LE MONDE OÙ NOUS VIVONS

D.C. MONEY
Texte français : Évelyne Lallemand

Bordas Jeunesse

Texte français établi par: Evelyne Lallemand

avec la collaboration de: Luc Abbadie,
chargé de recherche au CNRS

Illustrations: Nicolas Day et David Holmes (Garden Studios), Eugene Fleury, Edward Mortelmans (John Martins Artits)

Photographies:
N. Champion, p. 7 (bas), 19, 40 (gauche)
The Creative Company, Milton Keynes, p. 39
Geoscience Features, p. 5 (droite)
Glenrothes Development Corporation, p. 37
Sally and Richard Greenhill, p. 16
Susan Griggs Agency Ltd, p. 13, 20 (bas), 47, 54
Robert Harding Picture Library, p. 7 (haut), 30, 31 (bas), 44, 52, 56, 57
The Hutchinson Library, p. 10, 22, 23 (bas), 26, 28, 32, 35, 41, 43 (gauche), 46, 49
The Mansell Collection Ltd, p. 23 (haut), 31 (haut)
DC Money, p. 4, 9, 11, 15, 18, 20 (haut), 25 (haut), 29, 33, 34, 38, 40 (droite), 45, 51, 59
Marion and Tony Morrison, p. 25 (droite)
Joachim Schumacher, p. 53
Science Photo Library, p. 5 (haut)
Spectrum Colour Library, p. 27, 43 (droite)
Frank Spooner Pictures, p. 50
A. Usborne, p. 21

Réalisation: Sylvie Truffaut/Edire

Les mots apparaissant en gras renvoient au glossaire des pages 60 et 61.

Édition originale:

Première publication en Grande-Bretagne: Belitha Press Ltd. 1990
Première publication aux États-Unis: Gareth Stevens Inc., 1990

Édition française:

ISBN: 2-04-019154-2
Dépôt légal: septembre 90
imprimé au Royaume-Uni par Maclehose

Sommaire

1. La Terre changeante

La surface de la Terre

Bien que les formes des collines, des montagnes, des vallées et des cours d'eau semblent immuables, la surface de la Terre est en perpétuel changement. Des modifications naturelles se produisent en effet chaque jour ; elles sont discrètes comparées à celles liées aux activités humaines, telles que la construction des villes, la disparition des forêts, la création de lacs artificiels ou de champs immenses.

Les forces naturelles

Parfois les forces naturelles apportent des changements rapides et spectaculaires. Ce fut le cas en 79 après J.-C., lors de l'éruption du Vésuve qui ensevelit la ville de Pompéi en quelques heures, ou encore en 1980, lors de l'éruption du volcan du mont Saint Hélène (États-Unis) qui détruisit une grande partie de la forêt et des exploitations agricoles alentour.

Les changements lents

D'autres phénomènes naturels agissent lentement, bien qu'ils soient cause d'énormes bouleversements.

L'**écorce terrestre** est constituée de plaques indépendantes, mobiles les unes par rapport aux autres, se déplaçant imperceptiblement. Parfois, elles entrent en

Le saviez-vous ?

La surface de la Terre a plus de 4 milliards d'années. Pour essayer d'imaginer une durée aussi longue et les changements qui peuvent se produire durant tout ce temps, il suffit de songer à une rivière qui creuse le sol d'un seul millimètre par an. Dans un million d'années, elle aura fini par creuser une gorge d'un kilomètre de profondeur.

▼ Dans les Andes, ce torrent a creusé une profonde gorge sur la pente de la montagne. Des cascades s'élancent des corniches rocheuses.

Les effets de l'érosion

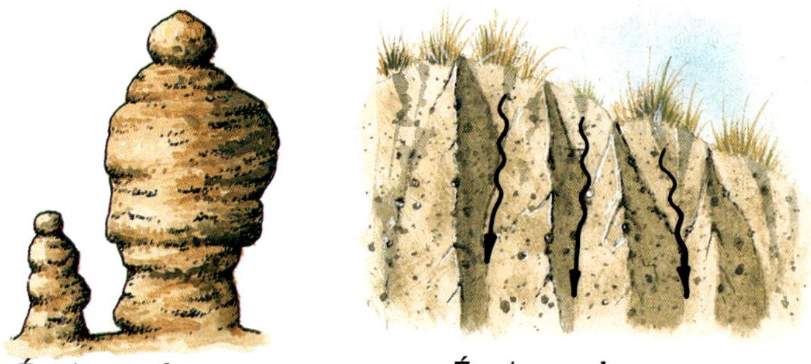

Érosion par le vent — *Érosion par les eaux*

collision; les roches de surface sont soulevées, plissées et forment des chaînes de montagnes. Certaines glissent sous d'autres: alors de la matière en fusion peut jaillir et former des îles volcaniques. Lorsque deux plaques s'éloignent l'une de l'autre, un océan s'installe et, à mi-chemin entre les deux plaques, apparaît une chaîne de montagne sous-marine, longue de plusieurs milliers de kilomètres. De tels phénomènes s'étendent sur des centaines de millions d'années. Le paysage évolue aussi sous l'action de l'**érosion**. Les vents, les eaux de pluie et les rivières rabotent les roches, le gel les fait éclater, les éléments chimiques de l'air les attaquent. Les débris arrachés aux roches roulent sur les pentes, sont déplacés par les eaux de pluie et les glaciers: ainsi les hautes montagnes s'usent. Mais l'érosion n'est pas qu'un phénomène de destruction. Des débris de roches transportés par les flots deviennent de nouveaux sols. D'autres forment des **deltas** ou élargissent ceux-ci, divisant les rivières en bras qui vont se jeter dans la mer. Certains débris sont même dissous dans l'eau de mer: ils forment de nouvelles roches qui s'incorporent à la surface changeante de notre planète.

▲ De la matière en fusion venue des profondeurs de la Terre jaillit à la surface lors d'explosions.
Des particules solidifiées retombent et forment le dôme du volcan sur lequel les eaux de pluie creusent des ravines.

▲ L'île Oalui, dans l'océan Pacifique, est le sommet d'un volcan jailli des profondeurs sous-marines. On voit sur cette photographie, en premier plan, le cratère central formant un îlot circulaire et d'autres petits cônes volcaniques apparus lors d'éruptions ultérieures.

◀ Les rivières charrient des débris de roches qui forment des îles et des deltas quand ils se déposent à l'embouchure.

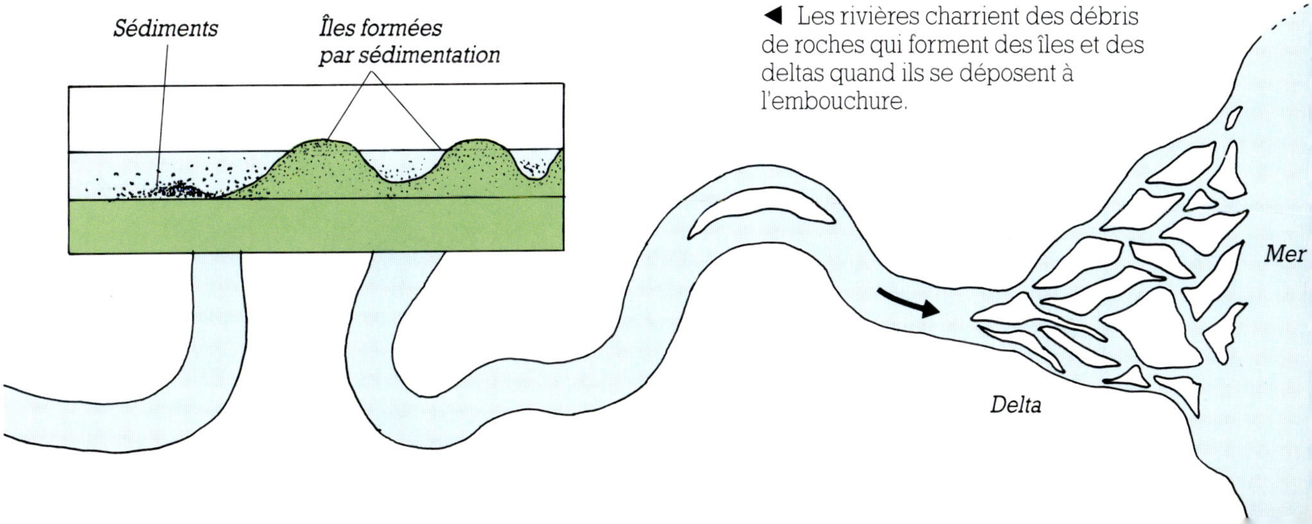

De nouveaux modes de vie

▶ Les premiers groupes d'hommes à se fixer dans certaines régions avaient des exigences simples pour assurer leur survie : de l'eau potable, des forêts, des animaux à chasser pour leur nourriture et leur habillement. Par la suite, il leur fallut aussi des terres fertiles à cultiver.

Il y a dix mille ans, les hommes vivaient pour la plupart en petits groupes disséminés à travers le monde. Leur mode de vie était adapté à leur **environnement** naturel. Lorsqu'ils avaient épuisé les ressources de la forêt, de la prairie ou celles en eau, ils étaient contraints de se déplacer pour trouver de nouveaux lieux où vivre.

Ces **communautés** nomades finirent par se fixer là où il y avait de l'eau en permanence, des sols **fertiles** et des matériaux de construction. Des centres de civilisation se développèrent dans des vallées comme celles du Nil en

▶ La croissance démographique des premières peuplades fut en général assez lente, principalement à cause d'un taux de mortalité élevé. Mais quand les communautés se développèrent, elles allèrent au-delà des terres sur lesquelles elles s'étaient fixées ; elles défrichèrent des forêts, cultivèrent des terrains de plus en plus vastes, construisirent des ponts sur les rivières pour gagner la rive opposée, ouvrirent des chemins pour la chasse ou le commerce avec d'autres communautés.

Égypte, de l'Euphrate en Irak, de l'Indus au Pakistan, du fleuve Jaune en Chine. D'autres prospérèrent dans les montagnes des Andes.

Les maisons, les champs, les routes et les canaux modifièrent le paysage. Les gens apprirent à utiliser l'énergie que pouvaient leur fournir les animaux, l'eau et les combustibles ; ils coupèrent les arbres des forêts pour faire du charbon de bois ; ils creusèrent la terre pour trouver des minerais et le paysage changea rapidement.

▲ La vallée de l'Indus, au Ladakh, en Inde du Nord. Sur les berges fertiles de ce fleuve, qui coule à travers l'Inde et l'actuel Pakistan, se développa l'une des premières grandes civilisations.

◄ Les ruines de Rome qui fut l'une des plus splendides et puissantes villes de l'Antiquité. Fondée au VIIIe siècle avant J.-C., sur les rives du Tibre, elle devint le centre d'un grand empire.

La transformation du paysage

Le saviez-vous?

Selon les estimations, la population mondiale s'élevait à 5 millions en 9000 avant J.-C. Au milieu du XXe siècle, elle atteignit 3 milliards. Vers l'an 2000, elle dépassera probablement le chiffre de 6 milliards.

Il y a un siècle, aller d'une région à une autre prenait des jours ou même des semaines, et aucune communication par téléphone, radio ou télévision n'existait. Mais les choses évoluèrent rapidement grâce aux multiples inventions de l'époque et, désormais, notre capacité à transformer l'environnement est de plus en plus grande. Aujourd'hui, plus de cinq milliards d'êtres humains occupent de plus en plus de terres sur lesquelles ils bâtissent des villes, développent des industries et pratiquent l'agriculture.

Des effets nocifs à long terme

Malheureusement, l'environnement est menacé car les hommes ne pensent pas toujours au futur. Par la **pollution** chimique dont ils sont cause, ils détruisent maintes espèces végétales et animales : non seulement des arbres et de grands animaux, mais encore des créatures minuscules dont la disparition peut porter atteinte à l'équilibre de la vie. Le déboisement intensif des forêts ne met pas seulement en danger des espèces qui devraient être protégées, il porte également préjudice à l'**atmosphère** tout entière, et même à la haute atmosphère qui contrôle les températures terrestres.

Des changements positifs

La population mondiale continue de s'accroître et les hommes transforment de plus en plus le paysage pour améliorer le niveau de vie. Ils utilisent les nouvelles connaissances pour tenter de produire assez de nourriture pour les milliards d'êtres humains vivant dans le monde.

Bien sûr, la répartition n'est pas toujours équitable.

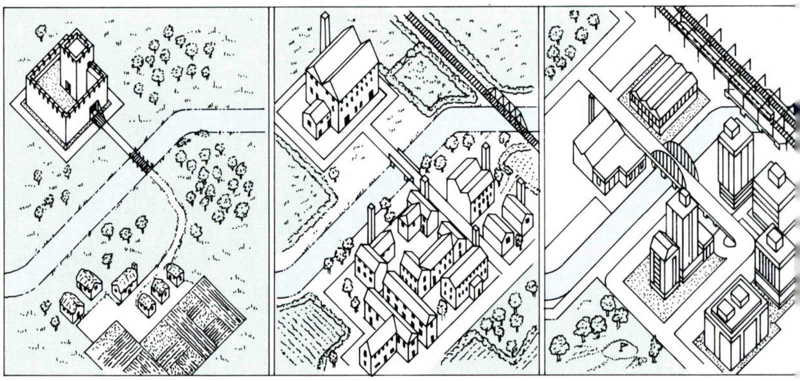

► Ce dessin montre le même lieu à trois époques différentes. À gauche, au Moyen Âge, un village et un château. Au centre, au XIXe siècle, la ville industrielle. À droite, la cité moderne.

◀ Hsi-an, à l'heure où les gens vont au travail. Lorsque Hsi-an s'appelait Ch'ang-an et était la capitale de la Chine, les murs d'enceinte et la porte que l'on voit au bout de la rue n'existaient pas. Aujourd'hui, des millions de gens vivent ici. Des usines ont été créées en dehors des murs, des immeubles d'habitation et de bureaux ont été construits au milieu des petites maisons et des boutiques.

Les niveaux de vie se sont élevés, mais certains demeurent inférieurs à d'autres. L'**espérance de vie** a augmenté elle aussi. Par exemple, en Chine, où elle est passée de 35 à 68 ans en moins d'un demi-siècle !

▲ À Queenstown, à l'ouest de la Tasmanie, les fumées sulfureuses des fonderies de cuivre ont détruit les forêts et l'eau érode maintenant le sol des collines dénudées.

2. L'ENVIRONNEMENT

L'équilibre naturel

Les êtres vivants sont en interaction perpétuelle avec tout ce qui les entoure. Pour se développer, les plantes utilisent l'**énergie solaire**. Les animaux, à leur tour, tirent de l'énergie des plantes dont ils se nourrissent, ou en mangeant d'autres animaux.

L'énergie solaire réchauffe les roches et le sol, qui réchauffent à leur tour l'air ambiant. La **désagrégation** des roches entraîne la formation de sols sur lesquels les plantes poussent. Dans la terre, les matières minérales dissoutes par l'eau sont absorbées par les plantes. La lumière du soleil leur permet aussi d'emmagasiner de l'énergie. Grâce à celle-ci, les feuilles captent, dans l'air, de l'eau et du dioxyde de carbone qui est ensuite transformé en « sucres ». Soit elles sont mangées par des animaux, soit elles tombent. Dans ce cas, de minuscules organismes, les bactéries, les décomposent et des matières minérales retournent dans le sol. Les excréments

Le saviez-vous ?

En Amérique du Sud, environ 5 millions d'hectares de forêt tropicale humide sont coupés chaque année. Et l'on ne reboise que 500 000 hectares.

► Les forêts tropicales humides sont des milieux très fragiles. Elles regorgent de plantes et d'animaux dont la vie dépend de la survie des arbres. Quand ceux-ci sont coupés, le sol est emporté par les pluies torrentielles, et la terre devient infertile.

Une chaîne alimentaire

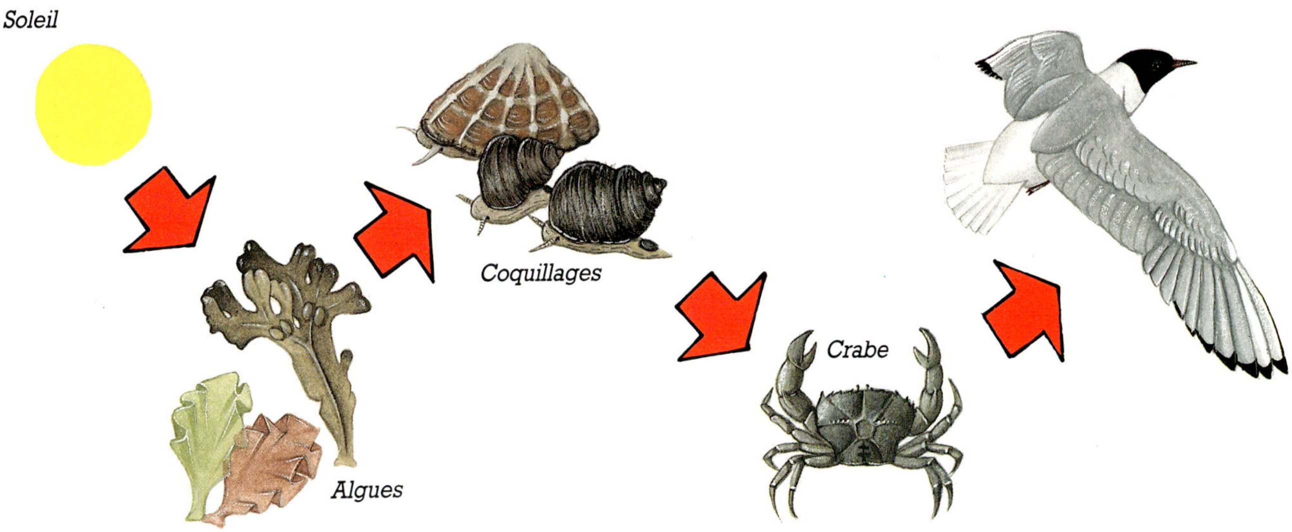

▲ L'énergie solaire est captée par les algues. Elle passe ensuite par les coquillages, les crabes, puis les oiseaux de mer qui tirent aussi de l'énergie des plantes et d'un grand nombre d'animaux côtiers.

des animaux en libèrent également dans la terre.

Ce système est appelé **écosystème**, « éco » venant d'un mot grec signifiant « maison, habitat ». Le moindre changement, comme un manque d'eau, peut toucher tous les membres d'un système naturel.

Les habitats naturels

L'équilibre d'une communauté naturelle repose aussi sur la compétition. Les petites plantes poussent à l'ombre des plus grandes. La vigne, à la recherche de lumière, grimpe sur les arbres. Les oiseaux se perchent dans ceux-ci. Les reptiles et les mammifères recherchent des cachettes où s'abriter, ou de vastes espaces où se déplacer rapidement. Les événements naturels peuvent bouleverser l'équilibre soit brusquement (comme lors des crues ou des éruptions volcaniques), soit lentement (comme lors des périodes de réchauffement suivant celles de glaciation qui causent des changements progressifs dans la végétation). Par ailleurs, une trop longue sécheresse peut transformer les prairies sèches en déserts. Mais, au retour des pluies, les plantes peuvent repousser. À condition que les méthodes de pâturages ne les en empêchent pas, comme c'est le cas dans le sud du Sahara où les éleveurs déplacent lentement leurs troupeaux à travers les pâturages reverdis par les pluies d'été. Or, quand la végétation devient rare, les animaux continuent à brouter, piétinant et creusant le sol sec. Au retour des pluies, une partie de la prairie ne repousse pas : du fait de l'homme, le désert s'est étendu.

▼ Les troupeaux broutant sur les terres sèches reviendront vers ces murailles près de Mekele (Éthiopie). Les réserves de foin devront durer jusqu'à la saison des pluies. S'il ne pleuvait pas, bêtes et hommes pourraient mourir de faim.

Une vie en harmonie avec la nature

Les Mayas

La civilisation maya fut florissante entre 300 et 900 après J.-C. Ces Indiens inventèrent une écriture pictographique, un système numérique ainsi qu'un calendrier. Mais ils ne savaient pas utiliser les métaux et ne connaissaient pas la roue.

Certains peuples à travers le monde ont à peine modifié l'équilibre naturel : les Mayas par exemple, qui vivaient dans la forêt d'Amérique centrale depuis des milliers d'années. Au bord des rivières, ils se construisaient des maisons recouvertes de feuilles, ils récoltaient des racines, des fruits et du miel sauvage, ils chassaient le cerf, le sanglier, la dinde et le faisan, et, dans les cours d'eau, ils pêchaient du poisson, des crabes. Les contacts qu'ils eurent avec les Espagnols furent peu nombreux. Ils apprirent d'eux quelques techniques plus intensives d'agriculture. Mais ils nuirent à peine à la forêt. Ils la déboisaient, brûlaient des broussailles et des arbres, et les cendres fertilisaient les sols. Quand le rendement baissait, ils déboisaient un peu plus loin, et la végétation repoussait sur les zones qu'ils avaient précédemment cultivées, reconstituant doucement la forêt initiale.

► Après l'arrivée des Conquistadors espagnols, les Amérindiens ne furent plus maîtres de leur destin. Grâce à leurs chevaux, leurs armures et leurs armes, les forces espagnoles, pourtant peu nombreuses, réussirent à conquérir le pays.

Les méthodes indiennes traditionnelles

Mais il y a de cela un siècle environ, des étrangers arrivèrent et commencèrent à abattre les **acajous**. D'autres firent des entailles dans les **sapotilliers** pour recueillir le chiclé qui sert à fabriquer le chewing-gum. Ils établirent des camps et polluèrent les cours d'eau.

Plus récemment, des gens arrivèrent des montagnes surpeuplées du sud du Mexique. Ils déboisèrent de vastes zones pour créer des exploitations agricoles, des ranchs, des routes et des terrains d'aviation. Cependant de nombreuses exploitations n'aboutirent à rien. Il n'y avait plus de végétation forestière pour ramener dans le sol les matières minérales prises par les cultures.

Les Mayas du Mexique sont maintenant confinés dans des « réserves », et la « vie traditionnelle indienne » n'existe plus. Une fois détruite, l'harmonie naturelle entre l'homme et son environnement est perdue à tout jamais.

▲ Les peuples amérindiens d'Amérique centrale vivaient en sociétés bien organisées. Pour les cérémonies, les ouvriers et les artisans construisaient des temples de pierre comme celui représenté ci-dessus.

◄ Une famille maya brûle du bois pour cuire des « tortillas » (omelettes). La maison et le mobilier sont en bois, mais maintenant les Indiens achètent leurs vêtements dans des magasins.

Changements dans le paysage

▼ Le toit de ce chalet suisse est recouvert de neige et se fond dans le paysage. Traditionnellement, les familles vivent au premier étage. Les animaux sont hébergés et nourris au rez-de-chaussée durant les mois d'hiver.

Les habitants de certaines régions ont transformé le paysage avec succès. Ils ont habilement remplacé la végétation naturelle par des cultures et certains aménagements. Des terrasses ont été construites sur les pentes des montagnes, puis soigneusement entretenues pendant des centaines d'années. Des rizières ont remplacé la végétation forestière. L'équilibre, même s'il n'est pas naturel, est ainsi maintenu.

Pour réussir, la technique ne suffit pas. Ainsi, à Bali, la chaleur, l'humidité et les sols volcaniques favorisent la production agricole. D'autres sols volcaniques, en Éthiopie, où les précipitations sont incertaines, sont au contraire d'un très faible rendement. Un paysage reflète ce que la nature offre et ce que les gens parviennent à en tirer.

L'accroissement de la population

Là où les hommes sont établis depuis longtemps, l'habitat se fond souvent dans l'environnement. Les villages semblent faire partie de la montagne ; les maisons correspondent à un mode de vie rural.

Les petites communautés sont liées à ce qui les entoure et, il y a peu encore, il en était de même pour la plupart des villes où se tenaient des marchés. Mais la population mondiale augmente vite et les produits doivent désormais voyager rapidement.

Des régions polluées

Des produits divers sont fabriqués en usine pour approvisionner tous ces gens. Les matières premières

▲ Les pentes fertiles de la vallée de l'Ayung, à Bali, ont été déboisées. Des terrasses ont été construites dans la terre volcanique pour permettre la culture du riz.

◀ En Éthiopie, des petits champs suivent les contours des pentes de la montagne jusqu'à la rivière asséchée.

Le cycle des pluies acides

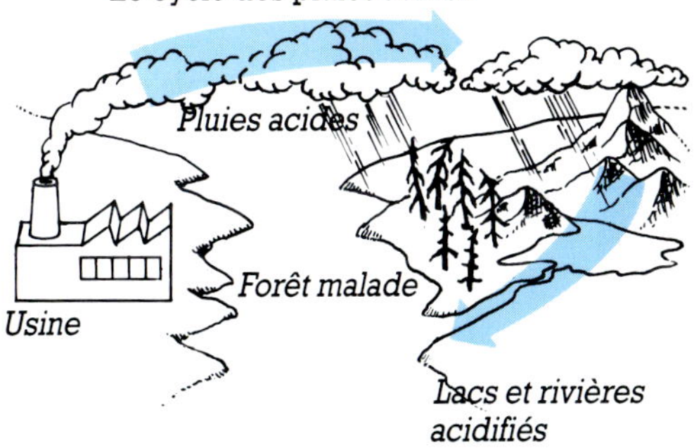

viennent souvent de très loin. Dans un cas comme dans l'autre, le paysage peut se retrouver endommagé.

Les industries libèrent dans l'air des substances nocives. Les vents d'ouest transportent les acides libérés par les usines anglaises et les centrales thermiques vers la mer du Nord. En Scandinavie, des forêts meurent. La vie dans les marais disparaît peu à peu. Les **pluies acides** sont sans conteste très nocives bien qu'elles ne soient pas la seule cause de la mauvaise santé des forêts européennes.

Le rythme du changement

Tout engin mécanique peut détruire un paysage en quelques heures. Les explosifs le font en quelques secondes. Mais les effets des pluies acides, d'abord imperceptibles, s'amplifient lentement. Une fois détruite, la vie végétale ou animale ne peut plus jamais être entièrement recreée.

3. L'AGRICULTURE

L'agriculture

L'agriculture a beaucoup changé les paysages du monde. Autrefois, les gens chassaient et cueillaient les feuilles, les graines, les racines et les fruits de nombreuses plantes sauvages. Quand ils commencèrent à élever des animaux et à cultiver les terres, ils sélectionnèrent les espèces les mieux appropriées à leurs besoins et aux conditions locales. Ainsi, ils simplifièrent les communautés naturelles végétales et animales.

Il en est de même actuellement pour la plus grande partie de l'agriculture. Dans les champs de blé, les cultivateurs détruisent les plantes qui pourraient nuire à leurs récoltes grâce à des produits chimiques. Pour obtenir de meilleurs rendements, ils ont recours à des **fertilisants**.

L'herbe, le trèfle et d'autres plantes fourragères sont choisies en fonction des différents types de troupeaux, ceux-ci étant sélectionnés pour fournir des produits spécifiques.

La **monoculture** est une méthode qui peut s'avérer

▼ Les vastes prairies naturelles du Kansas (États-Unis) ont fait place à d'immenses champs de blé où d'énormes moissonneuses-batteuses travaillent en batterie pour récolter le grain.

dangereuse. En effet, une plante tire toujours du sol les mêmes matières minérales. Celles-ci diminuant, les récoltes baissent. Aussi les agriculteurs pratiquent-ils une **rotation des cultures**. Ils remplacent le blé, qui appauvrit le sol en azote minéral, par des haricots ou du trèfle, qui en ramènent, ou encore par des pâturages car les excréments des animaux enrichissent la terre. Des fertilisants artificiels peuvent être utilisés, mais ils sont chers et leur emploi doit être soigneusement contrôlé.

Des insectes nuisibles répandent des maladies causées par des **virus** qui s'attaquent aux récoltes. Ils sont tués par des **pesticides** onéreux, qui peuvent polluer les sources d'eau et qui, pour certains, au bout d'un temps, n'ont plus d'effet sur les insectes.

De l'énergie pour l'agriculture

Une agriculture prospère repose sur plusieurs sortes d'énergie : celle du soleil, de l'homme et des animaux de labour (les mules, les bœufs). Il faut encore des combustibles pour le matériel agricole ou les pompes à moteur. L'eau et le vent servent à faire tourner les roues, qui produisent de l'électricité. Il faut encore de l'énergie pour fabriquer les fertilisants et les pesticides.

▲ La reproduction des porcs, des bovins et des ovins est contrôlée afin que chaque espèce fournisse un produit spécifique : lait, viande, laine...

▼ Un exemple d'assolement triennal (alternance de cultures sur trois ans) : blé, luzerne ou trèfle, et herbages sur lesquels paissent des animaux.

L'organisation agricole

Le paysage rural dépend des conditions naturelles mais aussi de la façon dont les agriculteurs s'organisent. Certains sont propriétaires de leurs terres et de leur matériel. D'autres forment des **coopératives** : ils travaillent ensemble et partagent les bénéfices. Des millions de fermiers pratiquent le métayage : ils louent des terres qu'ils paient en argent ou en donnant une partie de leurs récoltes aux propriétaires. Ils travaillent surtout pour nourrir leur famille qui les aide dans leur tâche. Ils utilisent parfois un animal de labour.

Certains agriculteurs vivent dans des régions difficilement exploitables ; d'autres, en revanche, bénéficient de terres fertiles et obtiennent de bons rendements même avec du matériel agricole rudimentaire.

Dans des pays comme l'Égypte, l'Inde et la Chine, la disposition des champs et des villages date de milliers d'années. Dans les régions fertiles, ils constituent tout le paysage rural. En France, dans beaucoup de régions de bocage, les limites des champs d'aujourd'hui correspondent au tracé des champs cultivés il y a de cela deux ou trois cents ans.

La rentabilité agricole

L'eau joue un rôle dans l'agriculture et, même là où elle abonde, son usage doit être soigneusement contrôlé. Les zones sèches ont besoin d'irrigation. Le manque de précipitations nuit même aux régions développées. Dans le sud de la France, de nombreuses cultures

▼ L'aspect des collines du sud-ouest de l'Angleterre a été transformé par les haies qui entourent les champs de pâture et de plantes fourragères. Les vieilles fermes et leurs granges forment de petits groupes dans les vallées.

doivent être arrosées. Cette méthode revenant cher, le prix des produits agricoles est élevé.

Une population riche a les moyens de supporter de tels prix. Aussi les agriculteurs augmentent-ils la production en irriguant et en utilisant des fertilisants et des pesticides. C'est ce qu'on appelle la **culture intensive**. Là où elle est pratiquée, on trouve aussi des serres dans lesquelles on produit des légumes, des **fermes industrielles** où sont élevés des centaines de porcs ou encore des milliers de **volailles en batterie**.

▲ Dans les régions développées, les agriculteurs utilisent des avions pour répandre des fertilisants et des pesticides sur leurs terres.

▼ Dans le fond d'une vallée au nord du pays de Galles, les moutons paissent dans les pâturages entourant une ferme isolée. En été, conduits par des chiens de bergers, les troupeaux vont brouter sur les flancs de la vallée.

Le commerce

▶ Sur l'île de Chypre, pour répondre à la demande des touristes, on cultive des fruits et des légumes sous des cloches de plastique, à grand renfort d'eau tirée par les éoliennes, de camions, de tracteurs et de fertilisants.

Tout agriculteur fait du commerce et le paysage est une sorte d'industrie bien organisée qui produit des récoltes et des bestiaux destinés au marché (c'est-à-dire à ce que les gens désirent et achèteront). Il existe plusieurs méthodes agricoles : dans certaines régions, il y a alternance de culture et d'élevage entre les champs, dans d'autres on ne trouve que de l'élevage ou bien encore que des cultures qui poussent dans de grands champs ouverts.

Certains pays exportent beaucoup de céréales, de viande et de laine. Il y a une centaine d'années, les colons européens qui peuplèrent l'Amérique et l'Australie transformèrent d'immenses prairies naturelles en terres de culture et d'élevage. Dans la pampa argentine, on sema de l'herbe et du trèfle. En Australie, les prairies sèches et les broussailles furent défrichées pour élever des moutons et cultiver le blé.

Dans la prairie américaine, les zones proches des

Records

- L'Australie fournit environ 25 % de la production mondiale de laine.
- Depuis environ 12 000 ans, les hommes utilisent la laine comme tissu pour les vêtements.
- Il y a environ 160 millions de moutons en Australie, soit 10 fois plus que d'habitants.

▶ Le milieu naturel des animaux australiens, tels que les kangourous, fut transformé par le pompage de l'eau et les clôtures entourant les « stations » (les fermes) où l'on élève des milliers de moutons.

chemins de fer furent concédées à des pionniers chargés de les mettre en valeur. Bientôt, des routes bordèrent les propriétés.

L'exportation

En Amérique, au XIXe siècle, la majeure partie de la production était destinée à l'Europe dont la population augmentait. Les céréales stockées dans les docks étaient acheminées par bateaux qui transportaient également la viande dans des chambres frigorifiques.

La **culture extensive** fut pratiquée dans les prairies naturelles. Si les rendements à l'hectare ne furent jamais aussi élevés qu'en Europe de l'Ouest, ces immenses régions parvinrent cependant à produire d'énormes quantités de céréales. Mais les sols devenant moins fertiles, la production diminua et maintenant des fertilisants répandus par avion doivent souvent être employés.

Le matériel mécanique, de la charrue tirée par des chevaux aux moissonneuses-batteuses, a toujours été utilisé. Des équipes de moissonneurs, à bord de leurs engins modernes, se rendent d'une ferme à l'autre. En Australie, les tondeurs de moutons vont de propriété en propriété. Peu de gens travaillent en permanence dans une seule exploitation. Dans ces régions, on trouve de grandes fermes et des exploitations isolées. Des routes droites et des chemins de fer permettent d'acheminer les produits vers les villes et les ports.

▲ En Italie du Nord, un fermier contrôle le riz qu'il a fait pousser selon des méthodes intensives de culture avant de l'exporter, notamment en Scandinavie.
Une famille scandinave (en haut) s'apprête à manger du riz importé d'Italie.

Les plantations

La demande en certains produits a transformé le paysage en entraînant la création de vastes plantations où ne pousse qu'une seule espèce à très grande échelle. Depuis deux siècles, les plantations tropicales exportent vers l'Europe occidentale et l'Amérique du Nord les produits qui ne peuvent y pousser, mais qui sont nécessaires : le coton pour les textiles, le latex pour le caoutchouc, mais aussi le café, le thé, le tabac, le cacao, la canne à sucre, des produits de luxe pour les nations industrielles les plus riches. Sur d'immenses régions tropicales, on repiqua et sema des milliards de plants et de graines.

Dans les plantations, des rangées de plantes soigneusement entretenues ont remplacé la végétation naturelle. On y trouve des usines de traitement, des maisons pour les directeurs et les ouvriers, des routes et des chemins de fer pour rassembler puis acheminer les récoltes.

Dans certains pays, de vastes zones sont consacrées à une seule culture : par exemple, le mûrier dont se nourrissent les vers à soie en Chine. De nos jours, les usines textiles font partie du paysage chinois. Ailleurs, comme en Californie où règne un climat méditerranéen, on produit des oranges, des citrons et des pamplemousses. Des ouvriers qualifiés travaillent sur place avec un outillage mécanique approprié.

Dans de nombreuses régions, on trouve de vastes vignobles où tout est organisé pour la production du vin. Matériel spécial qui permet d'entretenir les vignes toute

▼ Femmes récoltant des feuilles de thé. On trouve des plantations de thé dans plusieurs régions du monde, et en particulier en Inde, au Sri Lanka et en Chine.

l'année, endroits où stocker les vins, hangars où ranger le matériel, bureaux : rien ne manque.

Certaines méthodes agricoles causent de grands dommages. Comme dans tout écosystème, un équilibre doit être obtenu entre ce qu'offre la nature et ce que les gens apportent ou prennent.

▲ Au XIXe siècle, une plantation de coton sur les rives du Mississipi. Le coton ramassé est directement envoyé à l'usine pour être nettoyé et égrené. Au premier plan, des chariots tirés par des animaux transportent des balles de coton. En arrière-plan, un bateau à vapeur convoie le coton plus loin.

◄ Cette orangeraie en Californie (États-Unis), avec ses rangées d'arbres parfaitement alignés, est l'exemple d'une culture « industrielle » à grande échelle.

4. L'HABITAT

Les villes commerçantes

Avantages naturels

Dans les paysages vallonnés, les routes suivent le fond des vallées. À leurs intersections se trouvent les centres de commerce où se sont souvent installés les villes en fonction des conditions locales: terres non inondables, protection apportée par le relief naturel. Les premières villes où se tinrent les marchés devaient préserver leur prospérité. Le sommet d'une colline ou le méandre d'une rivière furent des sites souvent choisis parce qu'ils étaient des lieux sûrs. Certaines villes se sont plus développées que d'autres.

Dans un paysage rural depuis longtemps peuplé, on trouve de nombreux villages et petites villes. Du fait de l'accroissement démographique, ceux-ci s'étendent et débordent sur la campagne.

La vie dans les petites villes

De nombreuses raisons ont amené les gens à se fixer quelque part. Certains lieux pouvaient leur offrir une protection, de l'eau, des minerais... Mais même lorsque des familles étaient disséminées sur des terres riches, des villages se développèrent là où se tenaient les marchés.

De tout temps, les familles ont pratiqué l'agriculture pour se nourrir et s'habiller. Mais elles ont fini par avoir plus de céréales, de légumes, de cuir ou de laine qu'elles n'en avaient besoin. Alors elles cherchèrent des voisins avec qui échanger le surplus. Plutôt que d'aller les uns chez les autres, les gens préférèrent porter leurs

▼ Le village s'est développé là où il y avait des avantages géographiques naturels.

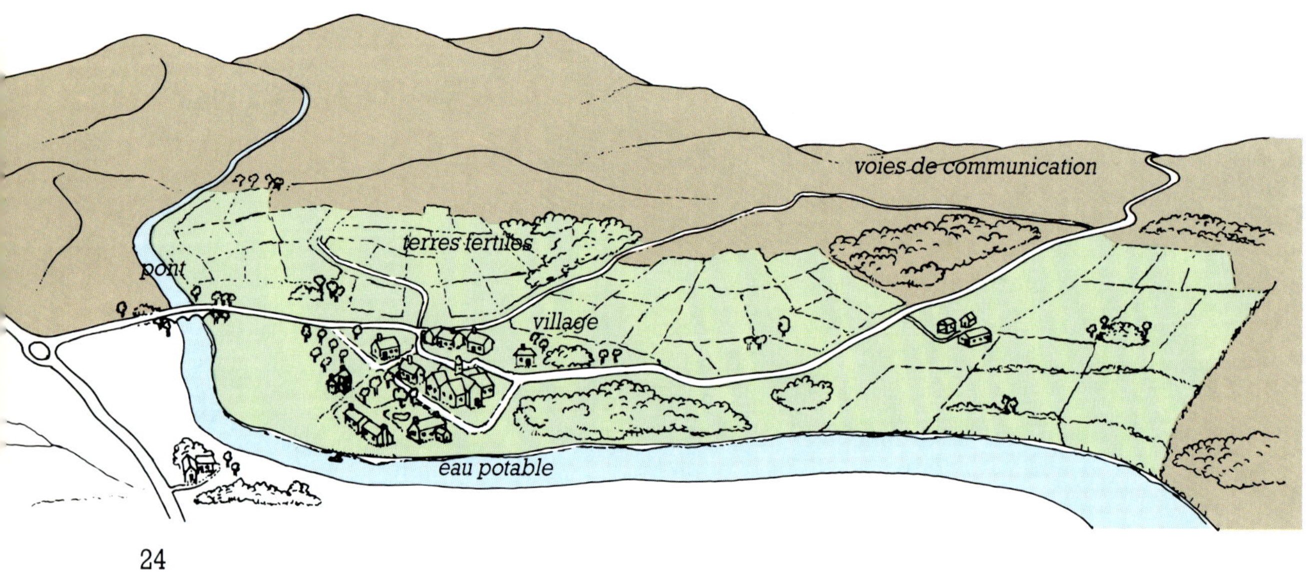

▲ Dans ce bourg du sud-ouest de la Chine, les familles viennent vendre au marché le surplus de leur production ou des articles faits main.

produits jusqu'à un centre qui convenait à tous, et des marchés hebdomadaires ou saisonniers se développèrent.

Les marchés

Dans le monde entier, il y a de petites villes où se tiennent des marchés. Ici, des gens gagnent leur vie en offrant leurs services : ils vendent de la nourriture et des boissons, ils réparent des véhicules. Les artisans (potiers, charpentiers, forgerons...) confectionnent et vendent leurs articles et leurs services. Ils construisent de petites boutiques et des maisons pour leurs familles. La ville s'agrandit.

Une grande ville de marché bien située possède des auberges, des banques, des édifices publics appartenant à l'État. Des médecins et des hommes de loi s'installent dans de tels lieux. Leurs familles et leurs employés viennent accroître le nombre des habitants.

Ces deux types de centres urbains existent dans les basses terres de nombreux pays, de Chine occidentale, d'Inde du Nord, d'Égypte orientale.

La croissance industrielle

Des industries ont favorisé l'extension de certaines villes : le textile en Nouvelle-Angleterre (États-Unis), l'acier dans le nord de l'Angleterre. Mais la plupart des villes présentent plusieurs secteurs industriels, avec leurs services employant des ouvriers, des professeurs, des postiers, etc. Les lieux de travail, tout comme les maisons, font partie du paysage urbain.

▼ À Cuzco, au Pérou, il y a foule au marché les jours de fête.

L'habitat urbain

Le saviez-vous ?

Mexico est probablement la plus grande ville du monde. Environ 25 % de la population du Mexique y vit. On estime que dans les 10 ans à venir, elle abritera 20 millions d'habitants. 1 000 personnes environ y arrivent chaque jour pour y chercher du travail. Elles se retrouvent pour la plupart dans le bidonville de « Netzhaucoyotl » *(voir p. 28-29).*

À l'intérieur d'une grande ville, le paysage change d'un point à un autre. Au centre, se trouvent les magasins et les bureaux. Comme de nos jours l'alimentation de base, les vêtements et le mobilier ne sont pas produits localement, ils sont apportés par camion jusqu'aux magasins. Ceux-ci sont généralement regroupés dans le centre et ainsi les acheteurs trouvent tout ce qu'ils désirent dans une zone restreinte.

Dans les centres des villes sont installés également les banques, les compagnies d'assurance et les bureaux officiels, au service tant des particuliers que des entreprises. Ici, les terrains sont chers ; c'est pourquoi les immeubles ont tendance à être petits afin d'occuper le moins d'espace possible au sol. Dans de nombreuses cités européennes, des parties de la ville ancienne subsistent : églises, ruines de châteaux, vieilles demeures...

Se loger dans les grandes villes pose souvent problème, et nombreux sont ceux à préférer vivre en dehors. De vastes maisons anciennes sont fréquemment transformées en petits appartements pour héberger un maximum de personnes. En milieu urbain, la pauvreté est souvent grande.

► Les automobiles permettent aux gens de se rendre dans les boutiques disséminées en **banlieue** et dans les centres commerciaux qui leur proposent leurs produits et leurs services.

▲ À Athènes, la ville moderne, avec ses boutiques, ses bureaux et ses immeubles, s'est développée autour de l'Acropole et de ses monuments anciens. Les habitations s'étendent jusqu'à la mer et loin à l'intérieur des terres.

De la ville aux banlieues

L'extension des grandes villes a amené le développement des banlieues, avec leurs propres commerces, écoles, parcs, etc. Le centre de la ville étant trop éloigné pour aller y faire les courses, on a construit des boutiques où les gens peuvent s'approvisionner. Près des axes routiers principaux et des périphériques ont été créés de grands centres commerciaux avec des parkings. On y trouve de tout: alimentation, mobilier, matériel électrique, etc. Souvent, des agences de voyage et des banques y ont été implantées.

Les nouvelles habitations sont construites dans les faubourgs des grandes villes, et les usines ou les entrepôts sont désormais bâtis près des périphériques afin d'éviter la traversée des villes.

L'expansion des villes

▼ À São Paulo, la capitale du Brésil, la misère est grande dans ce bidonville où les gens ont construit des bicoques faites de tout et de rien. L'électricité, l'hygiène et l'eau potable manquent.

Les pays qui sont le moins développés industriellement connaissent souvent une croissance démographique rapide. Les agriculteurs, n'ayant plus de nouvelles terres à leur disposition, doivent morceler parfois celles-ci. Les champs deviennent de plus en plus petits et ne peuvent plus suffire à entretenir une famille de plus en plus nombreuse. Comme il y a rarement assez de travail pour tous dans les villages et les bourgs, une partie de la population gagne les villes plus importantes et les capitales. Les sécheresses ou les inondations en milieu rural causent également l'exode de milliers de personnes vers les villes.

Toutes ces personnes viennent augmenter la population urbaine et ont du mal à trouver un logement ou du travail. La majorité d'entre elles se retrouvent sur les terrains vagues à la périphérie des villes, dans des bidonvilles où tout manque : l'eau, l'électricité, l'hygiène. Il y a peu de grandes usines, aussi les nouveaux venus partent-ils à la recherche de petits emplois : ils se font transporteurs, balayeurs ou vendeurs à la sauvette dans les rues.

Les conditions de vie

Les grandes villes des pays les moins développés

◄ Dans les grandes villes surpeuplées comme São Paulo, les enfants des familles d'immigrants vendent des allumettes, nettoient les chaussures ou transportent des fardeaux, en attendant de trouver un jour un travail mieux rémunéré.

présentent différents aspects. Beaucoup ont un centre d'affaires créé par les Européens à l'époque de la colonisation. Leurs larges rues, leurs parcs et jardins demeurent. Mais dans les quartiers alentour, on ne trouve que des ruelles étroites et surpeuplées, longées de petites boutiques. Les familles s'entassent dans de vieux immeubles. Il y a souvent des marchés de rue très actifs.

À la périphérie, se trouvent les bidonvilles. Certains parviennent à se transformer en quartiers plus salubres. Lorsque les gens améliorent leur habitat, il arrive alors que l'État fasse installer l'eau et l'électricité.

▼ Dans les bidonvilles d'Asuncion au Paraguay, l'aspect misérable disparaît peu à peu grâce aux efforts que font les gens pour améliorer leur habitat.

Nouveaux pays industriels

▼ Ce train « super-express » traverse Tokyo à 220 kilomètres à l'heure. Il relie entre elles les nombreuses cités industrielles du sud-est japonais.

L'aspect des anciens ports coloniaux a beaucoup changé depuis leur création. Les routes maritimes, le commerce et les finances ont apporté la prospérité à des ports comme Hong Kong et Singapour. Ils favorisent la création de petites industries et exportent de grandes quantités de vêtements, de matériel électrique et électronique. Les gratte-ciel de bureaux dominent les centres d'affaires, et les habitants vivent dans de nombreux immeubles rapprochés les uns des autres.

La croissance urbaine

La Chine présente des paysages urbains très divers. 800 millions de Chinois vivent en milieu rural, et peu émigrent vers les grandes villes afin d'éviter de les surpeupler davantage.

Certaines agglomérations, comme Pékin et Shanghaï, s'étendent sur toute une région, couvrant des centaines de kilomètres autour de la ville même. Elles administrent de petites agglomérations et des villages qui les approvisionnent.

Elles fondent également de nouvelles cités afin de créer des emplois en dehors de la ville surpeuplée.

◀ Des bateaux britanniques ancrés sur l'île de Hong Kong, le long de l'embouchure de la « Rivière des Perles », au milieu du XIXe siècle. L'île et son port stratégique furent cédés aux Anglais par un traité signé en 1842. Le territoire continental de Kowloon devint anglais en 1861 et, en 1898, de « nouveaux territoires » vinrent s'ajouter à la colonie britannique pour une durée de 99 ans. En 1997, la République de Chine en reprendra possession.

L'**industrie légère** (petites fabriques, artisanat...) est encouragée dans les villes rurales chinoises. Elle fournit des marchandises et du travail pour les populations locales. Ces agglomérations s'étendent plus vite encore que les grandes villes.

À l'est des États-Unis et au Japon, les chemins de fer et les autoroutes relient entre elles toutes les cités industrielles. Les immenses zones urbaines consomment de grandes quantités d'énergie. Mais celle-ci est rare dans les pays les plus pauvres et, sans elle, il est difficile d'améliorer le niveau de vie urbain.

▼ Aujourd'hui, de hauts immeubles commerciaux, industriels et d'habitation se dressent le long de la côte ouest de l'île de Hong Kong. Les navires de gros tonnage restent au large du port où se trouvent les docks de stockage. Des zones d'**industrie lourde** (constructions navales, cimenteries, sidérurgie) se sont développées sur le continent.

5. Commerce et industrie

L'achat et la vente

Le commerce et l'industrie font évoluer les paysages.

Le commerce repose sur la vente et l'achat des produits dont les gens ont besoin : matières premières comme la laine ou le coton, ou produits finis comme les vêtements, mais aussi minerais dont on extrait les métaux, matériel fait à partir de ces derniers, ou engins.

L'industrie forme un grand ensemble économique qui englobe l'exploitation des richesses minérales ou les sources d'énergie d'un pays, ainsi que la transformation des matières premières en produits fabriqués, finis ou semi-finis.

Ces produits sont généralement transportés d'un lieu à un autre. Autrefois, les gens apportaient leur production au marché et les vendaient eux-mêmes. Désormais, de nombreuses marchandises sont acheminées rapidement par route, chemin de fer, ou bateau. Les agriculteurs ou les industriels peuvent vendre en gros leur production à une seule personne ou à une société qui, à son tour, vend à des magasins ou à d'autres usines.

Il existe trois grands secteurs d'activité.

▼ Le pétrole est une source d'énergie majeure du XXᵉ siècle. L'augmentation de son prix et l'épuisement de nombreux gisements terrestres ont conduit à le rechercher et l'exploiter en mer. Les installations et les logements du personnel se trouvent sur des plates-formes. Des bateaux de faible tonnage assurent le ravitaillement. En cas d'urgence, des hélicoptères peuvent se poser sur de petits héliports.

▲ Des installations portuaires comme celle-ci, à Sidney (Australie), ont été construites afin d'accélérer le chargement et le déchargement des navires. Les cargaisons sont généralement mises dans de grands **containers** de taille standard.

Les pêcheurs ou les agriculteurs appartiennent au **secteur primaire**. Ceux qui transforment les matières premières appartiennent au **secteur secondaire**. Tous ceux qui proposent leurs services aux gens — garçons de café, dentistes, commerçants... — appartiennent au **secteur tertiaire**.

Pour répondre à la demande...

Certains produits, tels que le sucre, sont demandés dans le monde entier, et des pays comme les Antilles ou les îles Fidji ont complètement remplacé la végétation tropicale par des plantations de canne à sucre et ont construit des usines et des logis pour les ouvriers. Commerce et industrie parviennent donc à métamorphoser complètement un paysage rural.

▼ Les Antilles et les îles Fidji sont spécialisées dans la production de canne à sucre.

Le paysage industriel

Tout le monde a besoin de vêtements et la demande en textiles est grande. Pour répondre à la demande en laine par exemple, l'Australie pratique l'élevage intensif des moutons sur de vastes étendues à l'intérieur des terres. Enclos, fermes et tondeurs font partie du paysage. La Chine et l'Inde, elles, pratiquent plus particulièrement la culture du coton. Ces deux pays emploient de nombreux ouvriers pour récolter, traiter et transporter ces matières premières.

Les textiles ne sont pas uniquement fabriqués dans de grandes usines. Des artisans — teinturiers, tisserands, couturiers... — installés dans de petites boutiques peuvent aussi participer à cette industrie.

Les usines sont généralement regroupées près d'une source d'énergie, ou sur les lieux de production des matières premières, ou dans les ports. Avec les maisons du personnel, les centrales thermiques, les routes et les chemins de fer, elles constituent le paysage industriel. Un paysage évolue lorsque de nouvelles techniques entraînent la construction d'autres bâtiments, ou lorsque la demande pour un produit augmente ou baisse.

Des bouleversements plus ou moins grands

Selon leur importance, les industries transforment plus ou moins le paysage. Au Sri Lanka, des familles fabriquent des briques. Pour cela, le sol est creusé à la main afin d'en extraire l'argile qui sèche ensuite au soleil.

En Angleterre, par contre, ce sont d'énormes

▼ Au Sri Lanka, cette famille fabrique des briques. En creusant de petites fosses au milieu des palmiers et des arbres à gomme pour trouver l'argile, elle transforme le milieu naturel. À faible échelle, bien entendu.

Le cotonnier à ses différents stades de croissance.

pelleteuses qui extraient l'argile. Bien que les fosses profondes soient comblées et replantées, les déblais demeurent et les hautes cheminées des usines continuent à dominer le paysage.

Des régions éloignées des centres industriels sont souvent touchées par ceux-ci. Par exemple au Canada, où l'industrie du papier entraîne la coupe et le reboisement de vastes zones de forêt. Dans les usines, le bois est transformé pour obtenir la pâte à papier qui est exportée ensuite dans le monde entier.

▲ La demande grandissante en fibres de cotonniers a entraîné la création d'immenses plantations et d'un véritable paysage industriel pour transformer la matière première dans de nombreuses parties du monde.

◀ Au Canada, les troncs d'arbres qui vont servir à fabriquer la pâte à papier sont acheminés sur les cours d'eaux jusqu'aux usines.

Le saviez-vous ?

Il y a trois secteurs principaux dans l'économie :

- Le primaire. Il comprend l'agriculture, la pêche, l'exploitation minière et forestière.
- Le secondaire. Il correspond à toutes les activités qui produisent des matières transformées.
- Le tertiaire. Il comprend tous les services : alimentation, tourisme, armées, hôpitaux, lutte contre l'incendie, etc.

Les différentes industries

▼ Dans les usines de l'industrie lourde, la fonte est fabriquée à partir de minerai de fer et du charbon, puis elle est transformée en acier. L'acier, à son tour transformé, donne des produits finis (automobiles, bateaux, boîtes de conserve...)

Il existe deux principaux types d'industrie. L'industrie lourde, comme celle du fer et de l'acier, transforme de grandes quantités de matières premières. Elle donne des produits encombrants et occupe de grandes surfaces de terrain. L'industrie légère transforme les produits de l'industrie lourde en produits finis ou semi-finis. Les usines fabriquant du mobilier, des aliments, du matériel d'impression occupent des espaces plus restreints. Elles sont plus spécialement localisées près des voies de communication ou dans des **zones industrielles**.

Certaines usines de l'industrie légère utilisent du matériel de haute technologie. Nombre d'entre elles se rattachent à l'électronique : ordinateurs, instruments scientifiques, etc. Elles sont souvent regroupées dans ce que l'on appelle des « parcs de **haute technologie** ». Elles constituent un véritable réseau, les techniques et les composants employés étant souvent les mêmes. Chaque usine utilise les produits de ses voisines et ainsi s'établit entre elles un lien d'interdépendance.

Les paysages industriels, bien entendu, varient d'une région à une autre. Les grandes villes fournissent aussi bien des consommateurs que des travailleurs. Dans la plupart d'entre elles ont été créées des zones industrielles, où l'on trouve des usines de toutes sortes, des bureaux, des aires de chargement et de déchargement, des voies de communication. Certaines industries peuvent avoir des incidences particulières sur le paysage. Les raffineries de pétrole et les usines chimiques

Un schéma industriel

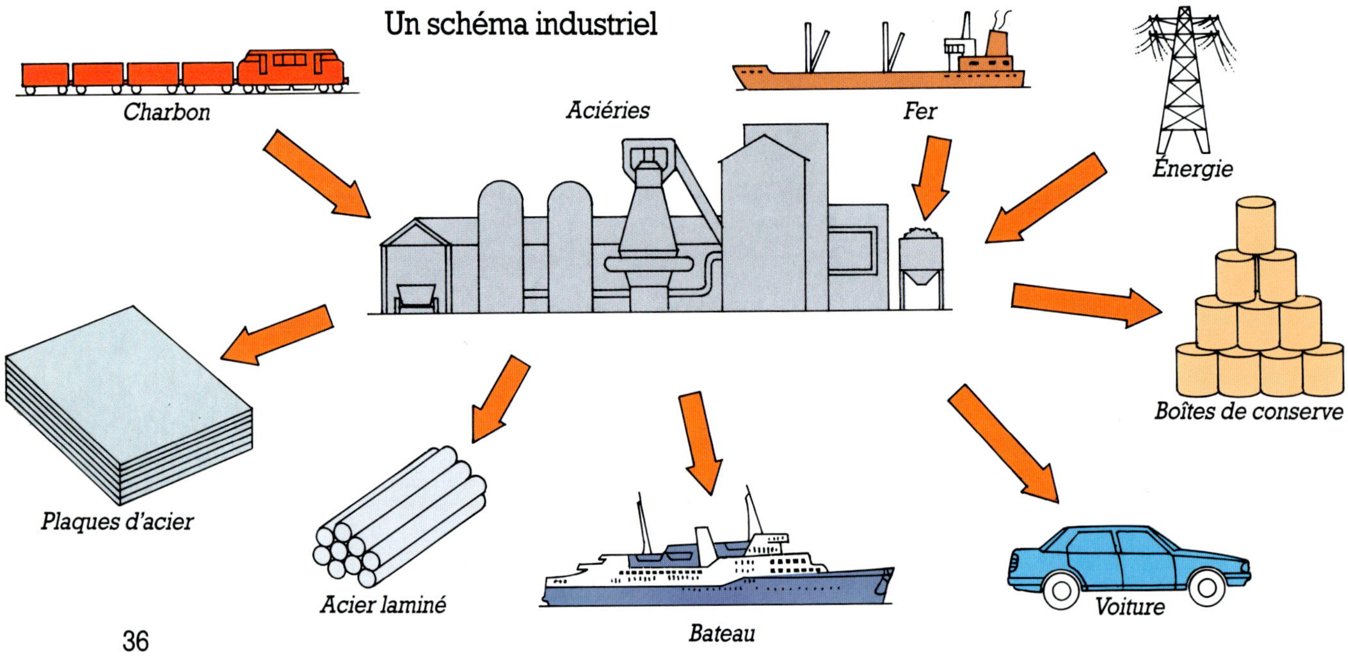

doivent être situées loin des villes. Qu'elles soient bâties près des côtes maritimes ou à l'intérieur des terres, elles défigurent généralement le paysage et, si l'on n'y prend garde, peuvent être source de pollution.

▼ Certaines industries utilisent l'énergie et le travail pour transformer en produits légers des matériaux bruts ou des produits déjà manufacturés.

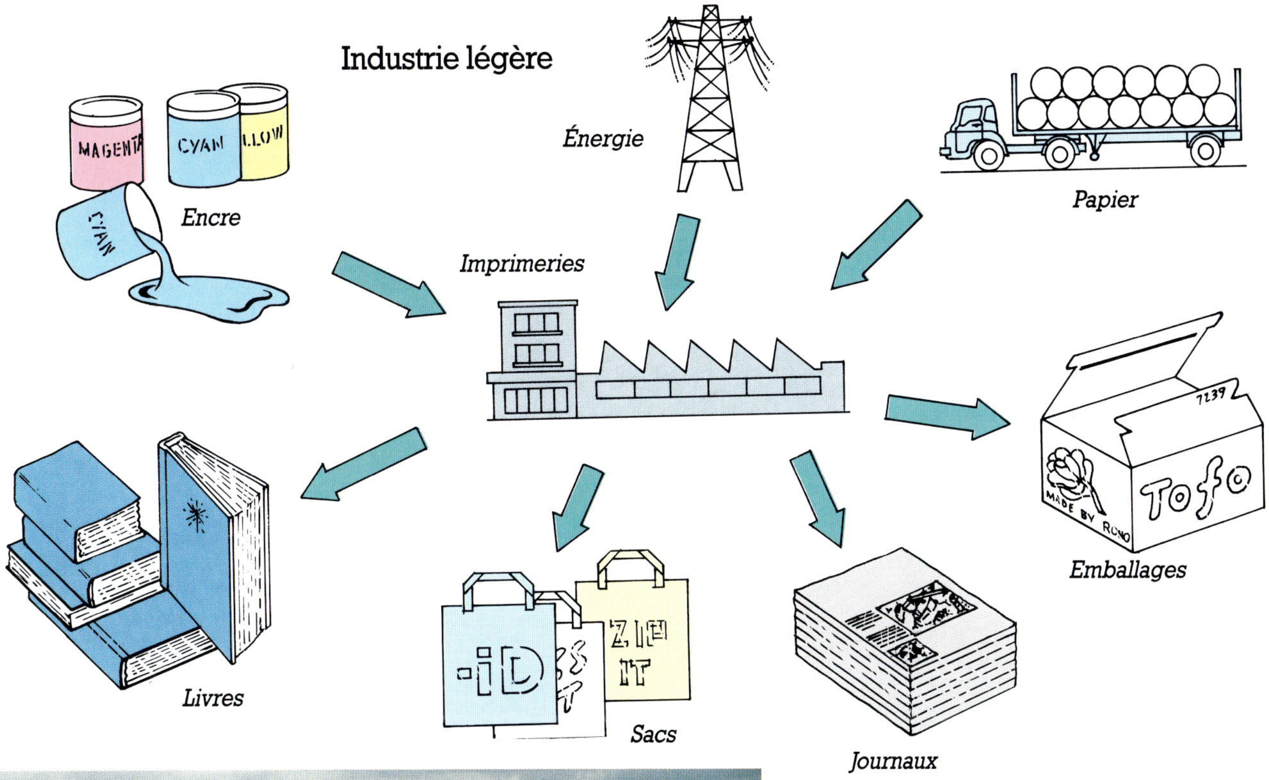

◀ Une zone industrielle, dans l'est de l'Écosse. Une ville nouvelle a été construite au milieu de la campagne. Ici, de nombreuses sociétés d'électricité et d'électronique ont recours à des techniques avancées et emploient des ouvriers spécialisés. Une entreprise peut utiliser la production de ses voisines. Ce site est desservi par une voie ferrée, une autoroute, un aéroport et un héliport, tous deux récemment construits.

Les affaires

Certaines marchandises sont directement vendues sur place par les fermes, les carrières ou les usines. Mais d'autres doivent être transportées d'une région à une autre, voire d'un pays à un autre. L'achat, la vente et le transport sont traités par des services commerciaux, situés souvent loin des lieux de production.

Les grandes villes ont des centres d'affaires où de nombreux bureaux sont reliés à ceux d'autres régions par téléphone et ordinateur. Ils conviennent du prix des produits qui sont négociés entre eux. Ces marchandises devant être assurées et convoyées, on trouve donc dans les grandes villes des compagnies d'assurance et de transport. Les affaires sont à l'origine d'un paysage urbain particulier et, au cœur des cités, les immeubles de bureaux dominent l'ensemble du décor.

Les grandes métropoles

Certaines grandes métropoles ont des centres d'affaires où une population cosmopolite organise l'échange des marchandises et des monnaies étrangères. Hong Kong, qui est au croisement des routes commerciales de l'océan Pacifique, en est un exemple. La ville, qui sera rendue à la République de Chine en 1997, est à la fois un centre industriel, commerçant et financier. Elle abrite de nombreuses petites industries. Les vêtements, le

▼ Toronto, la première ville du Canada, au bord du lac Ontario, connaît une grande activité commerciale et financière.

◀ Les usines de l'industrie légère et les bureaux d'affaires sont désormais souvent construits à la périphérie des grandes villes afin d'éviter l'engorgement des centres, ainsi que pour permettre aux gens et aux marchandises d'aller et venir plus facilement.

matériel électronique, les bijoux et bien d'autres produits qui y sont fabriqués sont vendus dans des milliers de petites boutiques, mais aussi exportés. Les bureaux des compagnies internationales sont regroupés dans d'immenses gratte-ciel.

L'accroissement de la population et de la demande en nouveaux produits entraîne des changements permanents dans les paysages créés par le commerce et l'industrie.

▼ Le centre d'affaires de Toronto, avec ses gratte-ciel, ses bureaux et ses magasins. Ici, la plupart des anciennes maisons ont disparu. La majorité des gens habite à l'extérieur de la ville. Les employés des banques, des vieilles compagnies textiles ou des industries récemment créées au bord du lac Ontario doivent se déplacer quotidiennement, mais les transports publics sont très bien organisés.

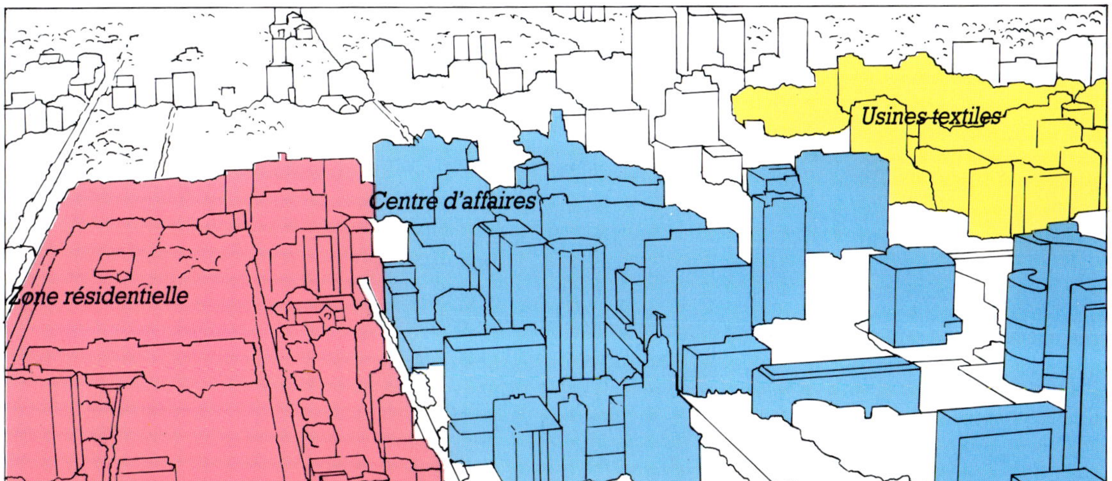

6. Les transports

Les premières formes de transport

Depuis que les hommes ont commencé à s'installer dans des régions déterminées, les sites ont toujours été reliés entre eux par des pistes, des sentiers ou des routes pavées. Dans de nombreuses parties du monde, les marchandises sont encore portées par des hommes ou des animaux ou chargées sur des charrettes.

Que ce soit à travers les chemins rocailleux des montagnes ou à travers les forêts, les paysans font souvent porter aux bêtes de somme des charges d'un champ à un autre, convoyer du fourrage ou des récoltes. Les caravanes de chameaux transportent des fardeaux sur de longues distances dans le Sahara et, dans les déserts pierreux d'Asie centrale, les yacks et les chevaux portent les chargements.

Dans les pays les moins développés, aux alentours des zones de peuplement, le réseau routier a été amélioré mais les transports par bêtes de somme, nettement moins onéreux que par véhicules motorisés, continuent à y être très pratiqués. En Inde, les charrettes tirées par des bœufs sont toujours largement utilisées.

Dans la plupart des villes chinoises, les pousse-

▲ Cette voie romaine au pays de Galles reliant deux vallées traverse des contrées montagneuses et sauvages. Les grands pavés de pierre furent posés pour faciliter le déplacement des soldats.

► En Allemagne du Sud, une vallée traverse des collines boisées. Elle est rejointe par des vallées tributaires que suivent des routes. Là ou se rejoignent les vallées et les routes, une ville s'est développée sur les deux rives de la rivière.

pousse, les bicyclettes, les véhicules tirés par des chevaux côtoient les tracteurs à essence et les remorques.

Le développement des réseaux routiers

Nous avons vu comment un bourg bien situé en milieu rural peut devenir un marché important. Les routes qui le relient aux autres bourgs forment tout un réseau. Au fur et à mesure que se développe le bourg, de nouvelles routes sont ouvertes qui envahissent peu à peu la campagne.

Pour les transports modernes, des revêtements ont été posés sur les routes afin de les rendre plus faciles à emprunter. Par exemple, dans les hautes vallées des Andes, les habitants des villages de montagne les plus reculés, chargés de leurs fardeaux, rejoignent les routes principales où passent les cars qui les conduisent jusqu'aux marchés voisins.

▲ Les chevaux sont encore le moyen de transport le plus employé par les nomades du Kirghizistan qui se déplacent dans les régions rocailleuses et désolées qui bordent la Chine orientale.

Les voies d'eau

Les canaux européens

Les premiers canaux européens furent construits au XIVe siècle pour faciliter le transport des marchandises, en particulier vers les grandes villes et pour les ravitailler en bois et en denrées alimentaires. Le premier canal de jonction entre deux rivières fut ouvert en 1398 aux Pays-Bas. Au début du XVIIe siècle, sur ordre d'Henri IV conseillé par Sully, fut creusé le canal de Briare qui relie la Loire à la Seine. Sa longueur impressionna les contemporains par sa grande longueur.

Il y a fort longtemps que des canaux ont été creusés pour le transport des marchandises par bateau. Par exemple, en 200 avant J.-C. fut construit un canal reliant deux grands fleuves de Chine qui traversent le pays d'ouest en est. En Hollande, des canaux destinés au drainage des terres et aux transports existent depuis des centaines d'années.

De nos jours, le réseau routier et ferroviaire a réduit l'importance des petits canaux. Mais les plus grands reliant les terres à la mer jouent encore un rôle prépondérant dans les transports, en particulier en Amérique du Nord où les navires marchands de gros tonnage remontent jusqu'aux Grands Lacs. En 1985, la création d'un nouveau canal a ouvert des centaines de kilomètres de voies fluviales depuis le Tennessee jusqu'au golfe du Mexique. Sur cette nouvelle route nord-sud qui traverse tout le Mississippi, sont acheminés des millions de tonnes de cargaison par an.

Les voies fluviales et les ports

Le transport des marchandises par voie fluviale est peu coûteux. Des canaux, comme celui de Panama ou de Suez, creusés dans des isthmes, permettent aux navires de passer d'un océan ou d'une mer à l'autre sans avoir à contourner l'Afrique ou l'Amérique. Le Rhin, lui, est une grande voie fluviale entre les ports situés sur son delta en

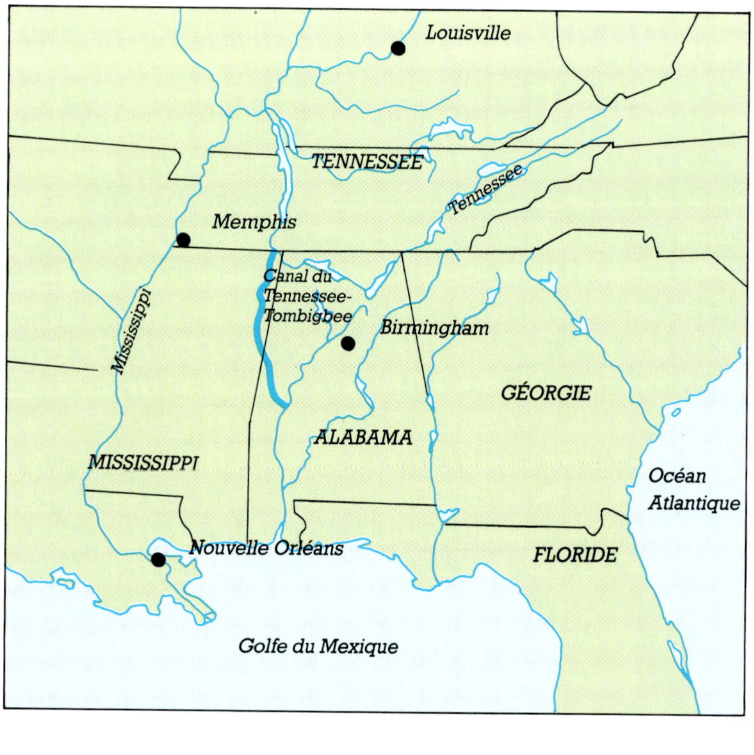

► Aux États-Unis, l'ouverture du canal du Tennessee-Tombigbee a favorisé l'acheminement vers la mer des céréales, du charbon et du bois de construction.

Hollande et les régions industrielles à l'intérieur des terres jusqu'en Suisse. Les docks de Rotterdam et d'Europoort permettent le transfert des marchandises entre les navires de haute mer et les péniches qui naviguent sur le fleuve.

Un peu partout, des usines, des raffineries, des complexes chimiques ont été construits le long des cours d'eau, dont les routes et les chemins de fer suivent souvent le tracé.

▲ Depuis des siècles, les Hollandais utilisent les canaux pour drainer les basses terres côtières et pour les transports. Ils mettent à profit l'énergie fournie par le vent pour faire tourner les moulins.

▼ Le port de Rotterdam, à l'embouchure du Rhin. C'est ici que se font les échanges de marchandises entre les grands navires maritimes et les moyens de transport terrestres ou les péniches.

◄ Un bateau approche des écluses du canal de Panama qui relie l'océan Pacifique à la mer des Caraïbes.

Les réseaux de transport

Le trafic maritime exerce une influence sur les paysages côtiers. Des routes et des voies ferrées partent des ports pour permettre l'acheminement des marchandises et des voyageurs vers d'autres destinations. Au bord des bassins, se trouvent des entrepôts ou des zones réservées au stockage et au chargement des containers.

Les échanges

Il y a un incessant va-et-vient de voyageurs et de marchandises à l'intérieur des villes et à l'extérieur. Beaucoup sont transportés d'un terminal situé près du centre urbain jusqu'à un autre — d'une gare jusqu'à un moyen de transport automobile, ou maritime dans les ports.

Le réseau routier est composé de routes à grande circulation (autoroutes, routes nationales) et d'autres de moindre importance (routes départementales). Les transports ferroviaires suivent des trajets fixes. Un seul train peut transporter beaucoup de passagers et encore plus de marchandises. Un véhicule automobile (car, voiture, camion...), lui, en transporte certes moins, mais circule facilement partout. Il dessert donc des régions plus vastes.

De nombreuses marchandises sont transportées dans des containers de taille standard qu'il est facile d'empiler, de manipuler, ou de transférer d'un moyen de

▶ Amsterdam, cette ville des Pays-Bas construite sur un important réseau de canaux, a été surnommée « la Venise du Nord ». Près de la gare centrale, la route, le rail et les canaux se côtoient.

▲ Une vue du port de Toronto au bord du Lac Ontario. Le réseau des voies de communication s'enchevêtre : on y trouve une autoroute, des voies ferrées, des routes le long des quais.

transport à un autre, qu'il soit maritime, routier ou ferroviaire. De grandes sociétés gèrent les dépôts où les contenus des containers sont déchargés et triés. Les véhicules automobiles assurent alors la distribution des marchandises dans les magasins et les centres commerciaux.

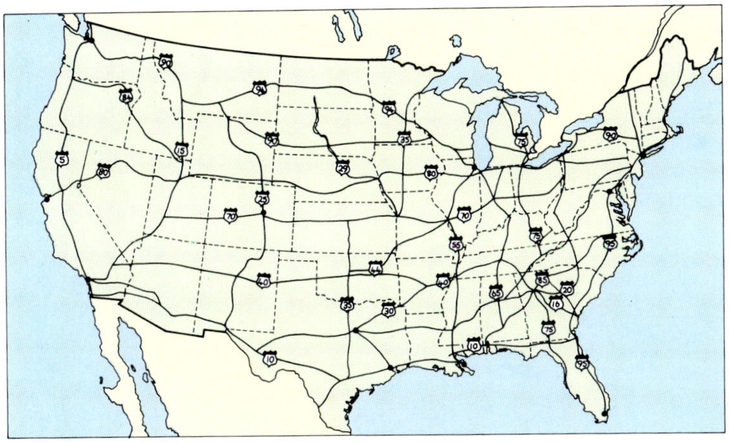

◀ Sur cette carte des États-Unis, on peut voir tous les États (délimités par des lignes en pointillés) et les principales routes numérotées qui les relient entre eux. Celles-ci sont empruntées par les automobiles, ainsi que par d'énormes camions transportant les marchandises d'un lieu à un autre.

Les conséquences néfastes

Dans les pays développés, les gens profitent de l'avance technologique des transports modernes et des moyens de communication. Sans les véhicules, ils ne peuvent plus vivre. Hélas, l'utilisation de ceux-ci a des conséquences néfastes.

Aux heures de pointe, les embouteillages bloquent la circulation et sont monnaie courante en milieu urbain. Les gaz d'échappement des véhicules font augmenter la pollution de l'air. Les panneaux indicateurs et publicitaires, les fils et les câbles électriques font également partie du décor des villes, de leurs banlieues et même des zones rurales.

Les aéroports recouvrent de vastes zones de campagne, à l'extérieur des grandes villes. Ils sont reliés à celles-ci par des autoroutes et des voies ferrées. Le bruit causé par les transports aériens est une source de nuisance pour les riverains, qui voient les terrains encore libres envahis peu à peu par des hôtels, des parkings et des pistes d'aviation.

Les télécommunications

Pour réduire le nombre de déplacements, les télécommunications, comme le téléphone, le télex, la radio et la télévision sont très utiles. Les antennes, les lignes électriques et les câbles forment tout un réseau qui encombre le ciel des villes. Des groupes d'immenses antennes paraboliques captent les communications par satellites dans de nombreux pays développés. D'autres plus petites sont désormais installées sur les toits des

▼ Les embouteillages qui paralysent les routes à travers le monde entier sont fréquents. Pour remédier à ce problème des temps modernes, des solutions ont été cherchées, mais sans réel résultat. Les terrains dans les villes sont rares et chers. C'est pourquoi la construction de nouvelles routes et de voies plus larges n'est pas un projet facile à réaliser.

maisons pour recevoir des émissions de télévision à longue distance. Ces précieux moyens de télécommunication se combinent avec les transports terrestres, maritimes et aériens. En Australie, radio et navigation aérienne ont créé ensemble un service d'urgence pour les familles à l'écart de tout.

◀ Le trafic automobile, avec ses nombreux taxis jaunes, s'écoule dans les rues de New York tandis que sur les trottoirs se pressent les piétons. Les affiches publicitaires lumineuses incitent le public à la consommation.

▼ Les toits des maisons sont dominés par de nombreuses antennes de télévision. La télévision, comme le téléphone et la radio, sont des procédés de transmission d'informations à distance largement employés par les particuliers dans les pays industriels développés.

7. Le paysage sous pression

La surpopulation

Vers l'an 2000, la population mondiale dépassera le chiffre de 6 milliards. C'est dans les pays les moins développés que la poussée démographique est la plus grande. Ici, la surpopulation touche en premier les familles de milieu rural qui n'ont pas assez de terres pour subvenir à leurs propres besoins. Nombreux sont ceux qui gagnent les villes déjà surpeuplées, mais peu y trouvent du travail. Dans certains pays développés, la surpopulation a été évitée grâce à l'émigration. Les gens se sont exilés et ont traversé des mers pour trouver des terres fertiles à exploiter ou du travail dans les mines ou les forêts.

▼ Cette carte montre l'accroissement démographique élevé dans les pays les moins développés. Le graphique montre comment l'accroissement de la longévité et le meilleur état de santé des hommes ont entraîné une poussée démographique mondiale.

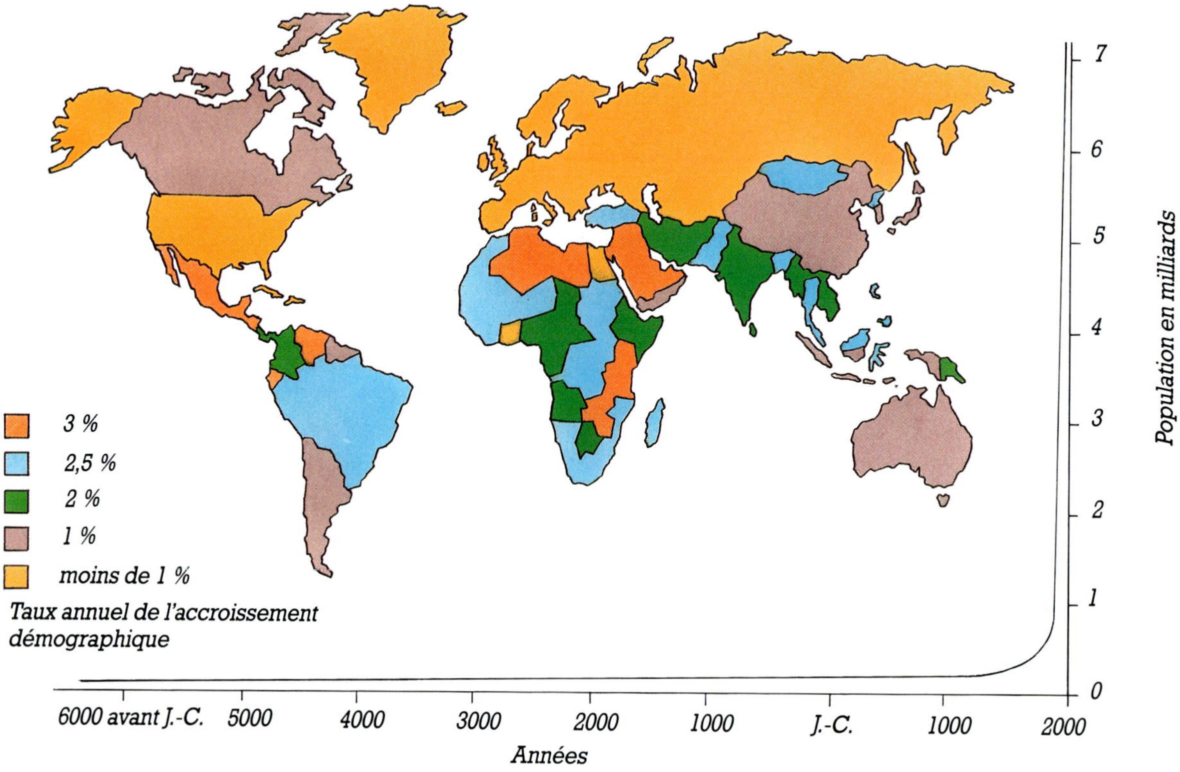

Les « laissés-pour-compte »

Certaines situations économiques ont entraîné une augmentation de la misère : au Paraguay par exemple, où les tribus amérindiennes vivaient autrefois dans les forêts denses du Chaco que des colons européens, venus de l'est du pays, déboisèrent pour développer les cultures. De nombreuses familles déplacées ont désormais une vie « intermédiaire » : d'un côté, elles ne peuvent plus subvenir à leurs besoins dans le Chaco ; de l'autre, en milieu urbain, il n'y a pas de place pour elles. Elles vivent dans des taudis à l'extérieur d'Asuncion, la capitale. D'autres peuples ont été déplacés de la même façon : les Aborigènes en Australie, les Bochimans du désert de Kalahari en Afrique.

Les méfaits

Une poussée démographique rapide entraîne souvent des pénuries d'eau. Quant à la demande grandissante en produits manufacturés, elle nuit à l'environnement car les usines causent des dégâts. Les cheminées libèrent des fumées et des gaz dans l'air, que les vents dispersent ensuite. Lorsqu'il y a une diminution de la pression atmosphérique, les fumées restent près du sol et les nuages sont repoussés plus loin.

▲ L'accroissement de la population sur des zones réduites conduit des familles à s'entasser sur de petites surfaces dans les immeubles, comme ici à Hong Kong, où tout ce linge qui sèche aux fenêtres montre bien le surpeuplement des lieux.

La société de consommation

▼ Dans tous les pays du monde, les ordures produites par la société de consommation sont une ressource, parfois vitale, pour les gens les plus démunis.

La demande croissante en marchandises nouvelles exerce une pression sur le paysage. Les fabricants incitent les consommateurs à délaisser les produits anciens pour les derniers sortis. Les ressources naturelles sont rapidement épuisées. Non seulement les usines polluent l'environnement, mais encore le gaspillage est grand. Il y a une demande importante en produits de luxe dans un monde où des millions d'êtres humains manquent d'aliments de base et de matières premières.

Les industries polluent aussi les cours d'eau dont la proximité est un avantage pour elles. Certains fleuves, aussi larges que le Rhin, deviennent des « égouts » chimiques. Les matières chimiques sont généralement invisibles, mais leurs odeurs envahissent toute la région.

Les fertilisants agricoles polluent également l'eau. Ils favorisent l'apparition d'organismes aquatiques, tels que les algues, dans les rivières et les lacs. Une végétation dense se forme, qui capte l'oxygène de l'eau et provoque la mort des poissons et des autres formes de vie.

Le saviez-vous?

- L'Europe et l'Amérique du Nord utilisent autant de fertilisants que tout le reste du monde.
- Un Français jette à la poubelle environ 300 kilos d'ordures ménagères par an, alors qu'aux États-Unis la moyenne annuelle par personne s'élève à plus de 700 kilos.
- 1 tonne d'ordures ménagères recyclées produit près de 2 tonnes de vapeur, soit l'équivalent de 150 litres de mazout.

◄ Les emballages augmentent le coût des marchandises et s'en débarrasser reste un problème.

▼ Les usines déversent des déchets chimiques dans le Rhin, dont la pollution est accrue par les bateaux. Ceci est une conséquence de la demande croissante en produits industriels.

Le milieu naturel menacé

De nos jours, les gens font de lointains voyages pour aller admirer les sites naturels et la vie sauvage. Mais ils ne se rendent compte que rarement comme il est facile de rompre l'équilibre naturel. Les moutons d'un berger, sur une colline de la Méditerranée, semblent à peine attaquer le paysage. Pourtant, le pâturage détruit la végétation rare de ces sols secs et peu épais. Lorsqu'il est excessif, il est cause d'une érosion sérieuse.

Les touristes eux-mêmes polluent les lieux qu'ils viennent admirer. Ils abandonnent des détritus dans la nature. Leurs hôtels défigurent les plus beaux paysages. Ils transforment les milieux de vie sauvage en zoos.

Le feu peut être dangereux. Les agriculteurs brûlent les restes de végétation pour permettre à une herbe jeune et riche en protéines de croître. Mais l'incendie,

▼ Ce berger vit en Turquie, près de la côte méditerranéenne. Les chèvres et les troupeaux qu'il élève détruisent la végétation déjà peu abondante en arrachant les racines. Ainsi la surface des terres infertiles et semi-désertiques augmente.

faute d'attention, peut se propager aux forêts, aux cultures, et les détruire. Dans certains pays, comme en Australie, le gouvernement interdit cette pratique pendant les saisons sèches. L'accroissement des terres agricoles porte atteinte au milieu naturel. Les régions marécageuses semblent intéressantes à nombre de gens qui en assèchent de vastes zones chaque année. De ce fait, ils détruisent l'habitat des oiseaux, des poissons, des insectes et des animaux adaptés aux conditions humides; ils suppriment aussi les refuges des oiseaux migrateurs.

Des améliorations possibles

Le développement industriel, tout comme les méthodes agricoles, exerce des contraintes sur le paysage. Là où les anciennes industries ont décliné ou disparu, les décharges et les déblais demeurent. Certains pays s'efforcent de réaménager ces zones en jardins et en parcs. De telles tentatives peuvent transformer les sites ruraux saccagés en un paysage agréable.

▲ Dans la région industrielle de la Ruhr, en Allemagne, une décharge d'usine a été transformée en parc.

▼ Dans les zones marécageuses, vivent de nombreuses espèces animales et végétales. Elles sont menacées par les promoteurs qui veulent construire sur ces zones, alors qu'il est primordial qu'ils ne les détruisent pas toutes.

8. OBSERVER ET PRÉVOIR

Les problèmes locaux

Les exemples de paysages profondément saccagés sont nombreux. Parfois les hommes ne se soucient pas de la pollution, parfois les circonstances — la surpopulation ou la sécheresse par exemple — causent des dommages. Et même lorsque l'on tente d'améliorer les conditions de vie, on peut aboutir à de mauvais résultats. Des familles transplantées de leurs vieilles maisons dans les gratte-ciel se retrouvent souvent prisonnières d'appartements exigus surplombant les rues et les squares. Il est donc nécessaire que des plans d'urbanisme soient élaborés.

Les urbanistes doivent tenir compte des particularités des milieux urbains, que ce soit au centre des villes ou en banlieue. Ils peuvent utiliser les cartes des rues établies par les services d'urbanisme pour connaître l'usage qui est fait des maisons particulières et des immeubles: usage commercial des rez-de-chaussée, usage locatif

▼ Des groupes de hauts immeubles avec des petits balcons ont été construits près d'anciennes usines. On peut se demander si les familles qui logent là ont une vie plus agréable que dans leurs anciennes petites maisons.

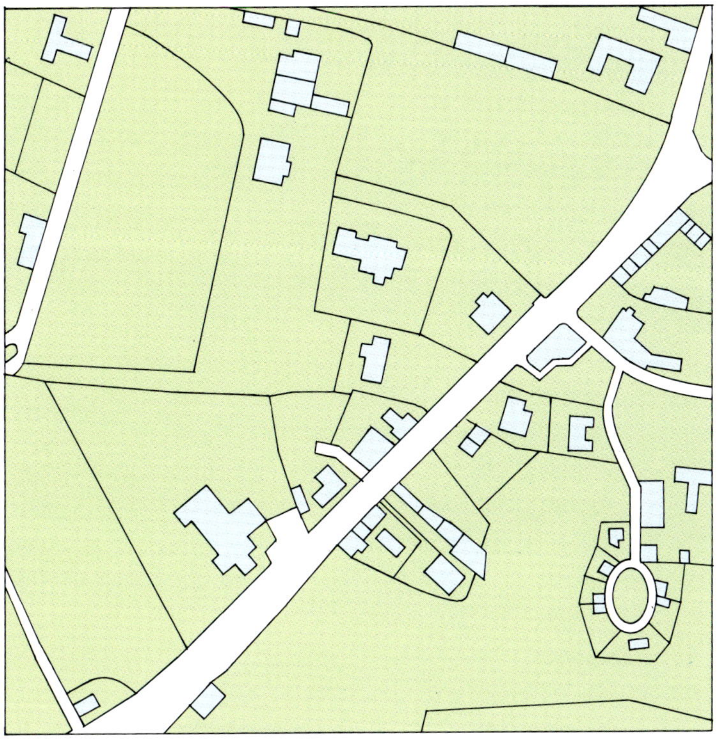

◀ Pour obtenir un meilleur environnement urbain, des plans sont minutieusement préparés. Les géomètres contribuent à l'élaboration des plans des nouveaux quartiers, comme celui-ci à gauche, à la création de nouvelles routes, de maisons et de jardins. D'autres personnes vérifient si les immeubles et leur disposition conviendront à la vie de famille, créent des parcs et des aires de jeux, et luttent contre la pollution de l'environnement.

des étages, par exemple.

Les résultats des enquêtes aident à comprendre le schéma des villes, les raisons pour lesquelles des changements s'imposent, ou encore pourquoi les maisons près des centres sont remplacées par de hauts immeubles de bureaux. Tout cela permet de rendre la vie plus agréable dans les villes. De la même façon une étude du milieu rural peut nous informer sur l'équilibre souhaitable entre la végétation naturelle, les sols et les récoltes.

Une approche scientifique

La recherche scientifique vise à améliorer les terres de culture et à introduire de nouvelles méthodes pour remplacer celles qui sont impropres. Par exemple, alterner des cultures sur une même terre est plus rentable et évite l'érosion du sol. Une étude scientifique de la vie animale ou végétale peut redonner aux espèces menacées un environnement naturel qui leur permettra de se développer à nouveau.

Bien des gens n'ont pas toujours conscience de ce qui se passe autour d'eux. Une attention minutieuse est pourtant nécessaire pour protéger leurs intérêts.

Un géomètre

Un théodolite

Instrument servant à mesurer les angles des terrains et à lever des plans.

La terre vue de l'espace

Les scientifiques doivent avoir des informations valables à partir desquelles imaginer les moyens de conserver ou d'aménager les paysages. Connaître avec précision ce qui se passe au jour le jour sur la Terre est évidemment une très lourde tâche pour l'homme. Mais désormais, les avions et les satellites ont pris le relais. Ils fournissent des images prises depuis l'espace et des informations nombreuses sur le temps, le sol, la végétation, les océans et les activités humaines.

Des milliers d'appareils artificiels encerclent maintenant la Terre. Certains sont utilisés pour les communications, d'autres pour l'observation de la surface du globe. Ils permettent d'étudier les conditions climatiques et terrestres. Ils peuvent suivre le déplacement des cyclones, des feux de forêts ou des vols de sauterelles, et donner l'alerte.

Les satellites

Les satellites décrivent des **orbites** loin au-dessus de la Terre, suffisamment haut dans l'atmosphère pour ne pas subir l'attraction terrestre ou brûler sous la friction de l'air. Certains satellites de communication ont été conçus pour se déplacer en orbite à la même vitesse de rotation que la Terre. Ils restent donc toujours au-dessus du même point du globe.

Records

- Certains satellites stationnés à 160 kilomètres de la Terre sont d'une telle précision qu'ils pourraient photographier et lire les mots de cette page.
- Les premiers satellites météorologiques furent mis en orbite autour de la Terre en 1960. Ils permettent de prévoir l'arrivée du mauvais temps et, assurément, ils ont sauvé plus d'une vie.

► Le satellite **Landsat**-D capte et transmet des informations sur la végétation, les ressources minérales et en eaux de la Terre.

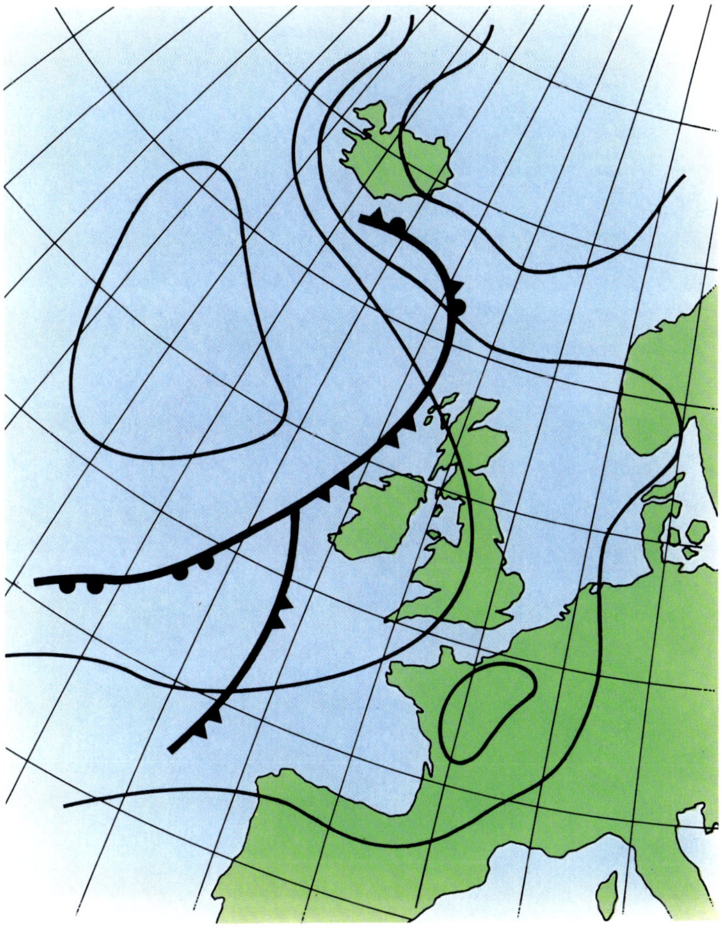

Les orbites géostationnaires

Certains satellites se déplacent à la même vitesse que la Terre, et dans le même sens. Ils se trouvent donc toujours au-dessus du même point du globe. Pour y parvenir, ils doivent être situés à 35 680 kilomètres d'altitude. On dit qu'ils décrivent des orbites géostationnaires.

◀ Cette carte météorologique nous renseigne sur le temps qu'il fera pendant quelques jours.
Les informations fournies par satellite permettent aux météorologues de dresser des cartes de prévisions plus précises qu'auparavant.

▼ Les données reçues par un satellite permettent de reconstituer en images de synthèse les États-Unis. Différentes couleurs sont utilisées, qui distinguent l'eau et les différents terrains.

Les progrès de la technologie

► Les satellites mis en orbite autour de la Terre envoient des informations qui nous aident à mieux comprendre le monde dans lequel nous vivons.

Un regard sur le monde

Les satellites Landsat qui tournent autour de la Terre enregistrent de nombreuses informations.

Ils peuvent :
- faire la distinction entre diverses formations végétales ;
- mesurer la pollution de l'eau ;
- enregistrer les niveaux de matière végétale dans l'eau ;
- mesurer l'humidité des sols et de la végétation ;
- observer les nuages et la neige ;
- identifier les différentes roches ;
- mesurer les températures à la surface de la Terre.

D'autres satellites sont spécialisés dans l'étude de la météorologie ou des ressources océaniques.

Des satellites, comme Landsat, ont une orbite polaire : ils tournent autour de la Terre du pôle Nord au pôle Sud. Ils « radiographient » sa surface tandis qu'elle tourne sous eux. Le dernier des Landsat mis en orbite fait le tour de la Terre toutes les 99 minutes et balaie presque toute sa surface tous les 16 jours.

Chaque image satellite couvre une surface de 185 kilomètres de côté. Il capte des longueurs d'onde de lumière et de chaleur, ce qui permet de différencier les divers types de roches, de sol et de végétation (même dans la mer) et de comparer les températures à la surface de la Terre.

L'observation des changements

Grâce à une telle exploration, on comprend mieux certains phénomènes. Par exemple, grâce à elle, on peut observer continuellement les changements de température qui se produisent dans les zones proches du Vésuve, où les terres et la ville de Naples sont menacées par l'activité volcanique.

Les transformations des contrées désertiques en régions irriguées, le contrôle des eaux et le développement

des milieux urbains pourront être enregistrés en détail à intervalles réguliers par les satellites.

On dispose donc de nombreux moyens d'observation, depuis le plan des rues d'une ville jusqu'aux photographies de la Terre prises par les satellites. Il est possible désormais de prévoir les changements du paysage à différentes échelles et de s'organiser pour en limiter les inconvénients.

◀ Les données reçues par le satellite Landsat-4 au-dessus du Vésuve et de la baie de Naples ont été utilisées pour composer une image en couleurs artificielles. On peut voir le contraste entre les zones urbaines (en vert), la végétation naturelle et les cultures (en rouge de plusieurs tons). Le réseau routier, le volcan et ses différents cratères, au-delà de la ville, apparaissent avec netteté.

Glossaire

Acajou: arbre des forêts tropicales humides dont le bois brun rouge est largement utilisé pour le mobilier.

Atmosphère: la couche de gaz qui entoure le globe terrestre. Elle est composée principalement d'oxygène et d'azote, ainsi que de petites quantités de néon, d'argon, de dioxyde de carbone et d'autres gaz.

Banlieue: l'ensemble des agglomérations qui entourent une grande ville. Les gens y habitent plus qu'ils n'y travaillent.

Communauté: groupe social dont les membres vivent proches les uns des autres et qui ont des intérêts communs.

Container: caisse métallique de taille standard utilisée pour le transport des marchandises. Les containers peuvent être facilement stockés et transférés d'un moyen de locomotion à un autre.

Coopérative: ce type d'entreprise réunit des associés qui travaillent ensemble et se répartissent les profits.

Culture extensive: culture qui met à profit la fertilité naturelle du sol sur de vastes étendues.

Culture intensive: culture sur une étendue restreinte produisant un fort rendement à l'hectare grâce à l'emploi de l'irrigation, de fertilisants et aussi de pesticides.

Delta: l'embouchure d'un cours d'eau où des alluvions se sont déposés, le divisant en de nombreux bras.

Désagrégation: le processus par lequel les roches sont réduites en éléments plus petits sous l'action du vent, du gel et des eaux.

Écorce terrestre: la partie superficielle du globe terrestre.

Écosystème: une communauté formée par des plantes, des animaux et éléments non vivants qui partagent un environnement particulier.

Énergie solaire: les radiations à ondes courtes émises par le soleil. Elles produisent la chaleur, la lumière et l'énergie dont les plantes ont besoin pour pousser.

Environnement: ce qui nous entoure; les circonstances et les conditions susceptibles d'agir sur les humains, les animaux ou les plantes.

Érosion: action d'usure progressive de la surface de la Terre par des processus atmosphériques comme le vent, la pluie, les glaciers, les vagues et les eaux de ruissellement.

Espèces végétales: plantes appartenant à une même famille, qui ont des caractéristiques communes.

Espérance de vie: durée moyenne de la vie humaine.

Ferme industrielle: ferme moderne où l'on dépense beaucoup d'argent en matériel agricole et en énergie pour faire pousser et obtenir des produits de haute qualité.

Fertile: qui produit de la végétation utile. Les sols fertiles sont riches en éléments nutritifs et en matières nécessaires à la croissance des plantes.

Fertilisant: substance qui est ajoutée au sol pour le rendre plus fertile. Les fertilisants peuvent être des matières naturelles ou artificielles.

Haute technologie: technologie qui utilise des méthodes scientifiques, souvent avec des composants électroniques.

Industrie légère: industrie qui transforme les produits de l'industrie lourde en produits semi-finis et fabriqués.

Industrie lourde: industrie de transformation des matières premières.

Landsat: le premier satellite lancé par la NASA (États-Unis) en 1972 pour transmettre des informations sur la surface de la Terre aux stations terrestres; d'autres satellites ont été lancés ensuite.

Monoculture: culture d'un seul produit.

Orbite: trajectoire courbe d'un corps céleste ou d'un satellite.

Pesticide: substance chimique utilisée pour lutter contre les parasites animaux et végétaux des cultures.

Pluies acides: précipitations à grande teneur en acides (des éléments chimiques). Elles se produisent quand les polluants, comme le dioxyde de soufre et les oxydes nitreux libérés par les fumées d'usine par exemple, se combinent avec la vapeur d'eau de l'atmosphère.

Pollution: la façon dont les hommes nuisent à l'environnement.

Rotation des cultures: méthode agricole qui consiste à faire se succéder différentes cultures sur un même sol afin que celui-ci ne soit pas appauvri en certaines matières minérales.

Sapotillier: arbre des forêts tropicales dont la gomme sert à fabriquer le chewing-gum.

Secteur primaire: domaine des activités qui produisent des matières non transformées, comme l'agriculture, la pêche.

Secteur secondaire: domaine des activités qui produisent des matières transformées.

Secteur tertiaire : il englobe toutes les activités qui ne produisent pas directement des biens de consommation. Par exemple, les banques appartiennent au secteur tertiaire.

Virus : micro-organisme qui se développe dans les cellules des êtres vivants et qui provoque des maladies.

Volailles en batterie : élevage industriel de volailles enfermées dans des cages et vivant dans des conditions artificielles, avec une nourriture spéciale. Les œufs qu'elles pondent tombent sur des plateaux de ramassage.

Zone industrielle : zone où sont établies principalement des usines de l'industrie légère.

Index